AF607202

# NUEVO EN LA CIUDAD NUEVA

JUAN ANTONIO GONZÁLEZ IGLESIAS

# NUEVO EN LA CIUDAD NUEVA

VISOR LIBROS

VOLUMEN MCCXLI DE LA COLECCIÓN VISOR DE POESÍA

Financiado con cargo al Plan de Recuperación, Resiliencia y Transformación y la Unión Europea – Next Generation EU

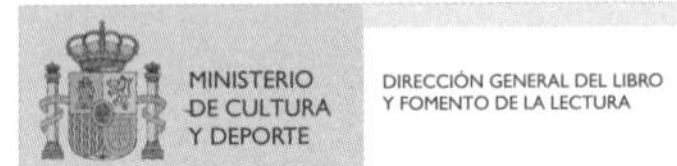


Cubierta: Juan Antonio González Iglesias


Isaac Peral, 18 - 28015 Madrid
www.visor-libros.com

ISBN: 978-84-9895-591-0
Depósito Legal: M-20999-2024

Impreso en España - Printed in Spain
Gráficas Muriel. C/ Investigación, n.º 9. P. I. Los Olivos - 28906 Getafe (Madrid)

*Homenaje a Sophia de Mello Breyner-Andresen*

# PRÓLOGO

Sin la lógica poética no entenderíamos unas pocas cosas que importan mucho. Por ejemplo, que una de las ciudades más arraigadas en lo antiguo se llame «ciudad nueva». Es la Neápolis de los griegos. Le dieron ese nombre —transparente para ellos— porque antes hubo allí otra urbe, que también aludía a lo primigenio: Parténope. Esa otra denominación mítica de Nápoles se ha convertido en la preferida por los creadores, de Virgilio a Sorrentino. De ello deducimos que siempre hay algo anterior a lo muy antiguo. Y que lo nuevo, si de verdad quiere serlo, debe nutrirse de esas raíces tan profundas que se pierden en lo invisible.

Sin la lógica poética tampoco podría justificarme yo por haber esperado toda una vida para vivir el acontecimiento de Nápoles, a pesar de que un vínculo fuerte me unía con esta ciudad desde que era un niño casi recién nacido. El consejo de Antonio Machado —«sabe esperar»— prevaleció pacientemente sobre mi dedicación a los clásicos y sobre la época, que desvirtúa cualquier encuentro por hacerlo absolutamente fácil. ¿Esperar a qué? A que fuera el momento. Así ha sido posible para mí ser nuevo en la ciudad nueva. Resucitamos muchas veces a lo largo de nuestros muchos días, pero, para ello, necesitamos la convicción de quienes nos precedieron en el mundo. Son ellos

los que nos sostienen. En vano vamos a buscar la fuerza en otro lugar, si queremos adentrarnos en el futuro.

La «dulce Parténope» virgiliana sigue siendo el centro de ese universo distinto conocido por los romanos como Magna Grecia. Filósofos, poetas y príncipes —vinieran de donde vinieran— la han sentido como una de sus patrias. Aquí no hiere a nadie el rayo procedente de la Hélade, porque estamos en la misma Hélade. Este es el punto en el que se cruzan las coordenadas inescindibles de la poesía y el pensamiento. Ciudad amenísima, como la perfiló uno de sus enamorados, el emperador Federico II, que fue también poeta. Reino definitivo para Alfonso el Magnánimo, que determinó quedarse a gobernar este paraíso mientras promovía toda forma bella, honraba a los humanistas y traducía las epístolas morales de Séneca.

Fue Miguel de Cervantes el que acertó a decir, en su *Viaje del Parnaso*, lo que Nápoles es para los poetas españoles: un sueño. Y eso que había pisado sus calles largamente, como lo hicieron Garcilaso o Quevedo en la corte de aquellos virreyes que superaban a muchos soberanos. Góngora la cantó con otra melancolía: la de quien no logró su aspiración de venir. Entre ellos se yergue como un héroe clásico —todavía sin estatua— Francisco de Aldana, napolitano de nacimiento. Estamos en la capital de un reino, dicho sea esto en el sentido profético más que en el político. Aquí descansan quienes anhelan el todo. En este modo de vida único se sacia cualquier sed de síntesis.

Solo cuando este libro estaba terminado —con una regularidad que me resulta igualmente nueva— he percibido que también en estas páginas las cosas habían decidido reiterarse. La insistencia, consciente o no, es el destino de todo poeta. Borges compartió con nosotros esa enseñanza que él, muy avanzada la madurez y después de un largo viaje, había recibido de una joven estudiante. ¿Qué será la poesía, sino una delicada obstinación?

Me gustaría contar algo. Sucede hace unas décadas —pocas, aunque parece que son centurias—. El día es caluroso, cegador. Todo cae bajo el dominio del sol, salvo una porción de la acera, estrecha como una cinta. Una mujer camina, dejando que su mano se sumerja en esa franja de sombra «como si la sumergiese en el agua». Es la misma que hizo en Grecia una afirmación esperanzadora sobre nuestro futuro: una lección de claridad que recojo en el último poema. Es Sophia de Mello Breyner-Andresen, una de las grandes poetas del siglo XX, si no de todos los siglos. Su modo de caminar por el mundo, percibiendo la sombra como agua fresca, me da confianza en que se cumplirá su profecía. Solo hay que esperar. A ella está dedicado este libro.

J. A. G. I.

Nápoles, durante el invierno de 2022
y las primaveras de 2023 y 2024

*Illo Vergilium me tempore dulcis alebat*
*Parthenope studiis florentem ignobilis oti.*

*La suave Parténope en aquellos*
*tiempos me protegía, mientras yo*
*me entregaba de lleno a las tareas*
*—nada reconocidas— del ocioso.*

VIRGILIO. *Geórgicas*, 4, 563-564

## LUNES EN EL MUSEO

*Para José Manuel Abad Liñán*

*El que en los misterios del amor se haya elevado hasta*
*el punto en que estamos, después de haber recorrido*
*en orden conveniente todos los grados de lo bello y*
*haber llegado, por último, al término de la iniciación,*
*percibirá como un relámpago una belleza maravillosa.*

PLATÓN. *Banquete*

Son muy distintos, pero van vestidos
casi igual, con pellizas y con botas
de semibárbaros, quizá vikingos
o celtas actuales. No se muestran
el amor que se tienen, camaradas
en bruto, de otro tiempo, se separan
—no mucho— y se aproximan para ver
juntos un capitel, sentir la fuerza
del mármol, admirar bronce, captar
entre las inscripciones la preciosa
totalidad llamada Magna Grecia,
los púgiles felices —como ellos—
las vasijas oscuras, donde late
la carne de los cuerpos para siempre.
Las monedas que alguna vez compraron

algo y son ya sagradas, las efigies
de raros soberanos helenísticos.
No hay casi nadie en el museo un lunes.
Escoltado por un grupo de atletas
y centauros, como un rey que pisara
un mosaico, en el centro de la inmensa
sala vertiginosamente plena
de belleza y de divinidad,
el menos guapo de los dos se queda
con los ojos cerrados un buen rato.

# DOMINGO

*Para Alberto Fadón*

*En cuanto al principio (…),*
*Tales afirma que es el agua.*
ARISTÓTELES. *Metafísica*

*Creo en el progreso, sin duda, pero*
*Virgilio dispone de epítetos que*
*ningún escritor moderno posee.*
THOMAS MANN. *La montaña mágica*

Está tranquilo el mar y estamos todos
eufóricos al verlo. Los humanos,
alborotados por la transparencia
y los peces también. En lo visible
e invisible su inquieta plata esparce
el tesoro primero. Aquí los mástiles
de los pinos, el bosque de los yates.
El Vesubio, que lo ha olvidado todo.
La estatua ecuestre, al trote por el cielo,
sobre su trampolín de travertino.
¿A cuántos metros sobre el suelo vuela
el caballo? Me atrevo a proclamar,
en medio de esto, la inmortalidad

del alma. Y de los cuerpos. Un puñado
de pétalos muy blancos que acabara
de lanzar alguien sobre el mar, están
casi llegando a Capri los veleros.
Sopla el viento latino por la amplia
llanura luminosa intacta y fresca
que fue también para Virgilio agua
pura, y esta mañana sigue suave-
mente latiendo. Hay arena oscura
entre las rocas claras. La belleza
trae la justicia al mundo. Es como el sol.
Nos vuelve a todos bienaventurados.

# CONDOMINIO NAPOLITANO

*Para Carlos Aganzo*

*La belleza (...) es uno de los valores*
*que definen lo que significa una*
*vida plenamente humana.*
ARTHUR DANTO. *El abuso de la belleza*

De par en par abiertos los portones
del *palazzo* que lleva todavía
apellido español. El arco casi
colosal, sus dovelas como piezas
de un puzle con la misma curvatura
del cielo. La portada, vista antes
en un grabado antiguo. Sobre el bronce
los nombres nuevos. Un león por timbre.
El espacio, esbozado por la mano
del arquitecto y concluido poco
a poco por los siglos. A la izquierda
del zaguán, el belén, con su asombrosa
concentración del mundo en miniatura.
La certidumbre firme, sin palabras,
en lo que permanece. La belleza,
suma de muchos sueños. Las columnas.
El árbol encendido, su cercana

constelación para las largas noches
de diciembre. Macetas en hilera
de terracota y vasos de mayólica.
Igual vegetación a la que hallaron
los griegos al llegar: mirto, boj, rosas.
Y al fondo, sorprendida en la hornacina,
una mujer desnuda en mármol blanco,
una diosa, también iluminada.

## MAGNÁNIMO

*Para Eloy Sánchez Rosillo*

*Oyó los secretos de filosofía*
*e los fuertes pasos de naturaleza;*
*obtuvo el intento de la su pureza*
*e profundamente vio la poesía.*

MARQUÉS DE SANTILLANA.
Retrato de Alfonso V de Aragón
en la *Comedieta de Ponza*

La palabra *magnánimo*, no dejo
de darle vueltas, he venido aquí
por ella nada más, aunque no pueda
compartirlo en ningún sitio. ¿Será
posible que me haya enamorado
de una palabra? Me parece ahora
un epíteto homérico, quisiera
traducirlo, poderlo usar: *que emprende*
*y que executa acciones peligrosas*
*y arduas.* ¿Quién podría portar esta
apelación feliz sobre su pecho?
*Aunque no las realiza por soberbia*
*ni ambición.* ¿Quién gobierna así su vida?
Y, sin embargo, en esta ciudad única

se encuentra inscrita en todas partes, todos
la pronuncian sin más como algo suyo.
Algo así quiero para el día a día.
Que lo insólito sea otra vez sueño.
Lo inaudito, proyecto. Si alguien tuvo
desprendimiento, generosidad,
benevolencia, basta. No cedamos.
Es suficiente para mí que alguien
una vez en la historia, mereciera
ser llamado magnánimo. Nos colme
una sobria ebriedad al celebrarlo.

# MAIOLICATO

*Para Rocío Badía Fumaz*

*Ma dimmi: voi che siete qui felici,*
*desiderate voi più alto loco (…)*
*Chiaro mi fu allor come ogne dove*
*in cielo è paradiso.*

*Mas dime: los que estáis aquí gozosos*
*¿deseáis un lugar que esté más alto? (…)*
*Vi claramente entonces cómo el cielo*
*es todo paraíso.*

DANTE. *Paraíso*, canto III

¿Por qué es el universo tan ligero
precisamente aquí? ¿Quién tuvo antes
este sueño? ¿Qué insólito impulsivo
injertó tantos frutos en la alegre-
mente vidriada columnata? Pérgola
suya es el horizonte. Aquí tangibles
naranjas franciscanas, tibios soles
que caben en la mano. Aquí racimos
de uvas azules, flores, verdes pámpanos,
aire y cielo, reflejo de aire y cielo
sobre los azulejos. Los octógonos

¿cómo crecieron entre los frutales,
trocando el huerto en intercolumnio?
¿Quién podó aristas, capiteles, copas?
Imposible un lugar más claro, un claustro
más abierto que este. ¿Cuántas vidas
encontraron sentido aquí a la breve
eternidad que somos? Oh preámbulo
precioso, caminado cada día,
paso a paso. También en esta hora
en la que enero empieza a rezar vísperas.
Muy lenta cae la tarde, su neblina
iguala las columnas y los árboles
y con finísimo papel de seda
envuelve las naranjas, una a una.

## IMPRENTA

*Para Fernando Savater*

*Permitte divis cetera.*
HORACIO. *Oda* 1,9

He elegido la imprenta por el nombre
de la calle, que honra a un humanista.
Voy caminando por el *lungomare.*
Me oriento, una vez más, por las palabras.
Creo haber acertado. El impresor
lleva ropa gastada, de artesano,
habla muy poco y lo piensa mucho.
Trabaja en digital, pero mantiene
—parece más emblema que vestigio—
la antigua prensa al lado de la entrada.
Cuando ve el nombre del romano Horacio,
murmura: *esto es algo importante.*
El poema —según su opinión— pide
un papel verjurado gris muy claro.
Es una de las odas, traducida
para felicitar la navidad
y el año nuevo a mis amigos. Unas
líneas con lo esencial ante el invierno:
*Pero tú puedes derrotar al frío.*

*Pon sobre el fuego generosamente*
*leño tras leño, y, siendo todavía*
*más dadivoso para esto, escancia*
*tu mejor vino de tu mejor ánfora,*
*el que guardaste hace cuatro años.*
*Déjales a los dioses lo demás.*

## ESTÉTICA

*Para Diego S. Garrocho*

*L'uomo parla a ogni istante come il poeta (…) e se all'uomo in genere non dispiacerà di essere considerato poeta e sempre poeta, al poeta non deve dispiacere di venir congiunto alla comune umanità, perché solo questa congiunzione spiega il potere che la poesia, intesa in senso angusto e augusto, ha su tutti gli animi umani. (…) la vera democrazia e la vera aristocrazia, anche in questo caso, coincidono.*

BENEDETTO CROCE. *Breviario di estetica*

En Nápoles, el día de año nuevo,
firmó el filósofo la última página
de su breviario sobre la belleza.
Ningún lugar mejor y ningún día
mejor para la luz, que va explicando
lo impreciso a través de lo preciso.
Pero antes y después de la belleza
suceden muchas cosas, todas forman
parte de su balance, porque nunca
se nos da exenta. Trazan su contorno
el infortunio y el error, la fuerza
para salir valientemente de ellos…
A finales de enero me decido

a visitar su casa. Alguien anota
mi nombre en un cuaderno burocrático.
En un recuadro libre añade *poeta*
con letra que recuerda dulcemente
otro siglo, que fue también el mío.
Lejos queda el bullicio de la calle.
Mientras recorro este refugio pienso
que desde el centro de esta biblioteca
—con mirada serena hacia el pasado—
se enunció la perfecta equivalencia
entre el lenguaje y la poesía, entre
la inteligencia y la libertad.

# ACEPTO TODAS LAS IMPERFECCIONES

*Para Pablo Núñez*

*Acepto y amo la carga de la responsabilidad del hombre para consigo mismo y la humanidad en el mundo durante su vida. Y del amor también estoy segura. Con estos principios no puedo por menos de amar. (Y como dice mi maestro Kierkegaard, uno siempre debe amar, tanto si recibe amor a cambio como si no. Así pues, uno siempre debe ser, inevitablemente, feliz de verdad).*

PATRICIA HIGSMITH. *Diarios y cuadernos*
(durante su visita a Nápoles)

*Aceptación no quiere decir conformidad ni resignación. (…) Acepta la vida, viendo con claridad que esto debe hacerse, y que no hay opción. (…) Y sin embargo, no somos simples espectadores. En el mundo hay nobleza, bondad, gentileza. Los hombres son impotentes en lo que toca a su destino, pero pueden aliarse con el bien (…) 'La madurez lo es todo'.*

EDITH HAMILTON. *El camino de los griegos*

Acepto todas las imperfecciones.
Las mías. Las del mundo. Tantas cosas
que no serán como soñé que fueran.
Al fin acepto todo lo que antes
me impacientaba. Ahora sé que debo

—no queda otro remedio— transigir
con el absurdo. El caos de la época.
La negligencia de los gobernantes.
No puedo nada contra ellos. Tengo
que seguir. El silencio y el amor
son lo mío. Sigo paso a paso
por este Purgatorio, tan ameno
que no parece lo que es. Virgilio
me acompañe por este canto sexto.
Dejo a la Providencia que se encargue
del mundo por un día, como lleva
milenios encargándose de esta
ciudad suya, desde antes de que fuera
fundada. Esta ciudad en la que todo
es posible. En su plano lo sublime
y el desorden se incrustan como en una
muy bella taracea, pero siempre
prevalece el destello. Creo que puedo
ser nuevo de este modo. En estas calles
está prefigurado el Paraíso.

## ANÁBASIS

*Para Luis Arturo Guichard*

*Vimos desde allí a poco el más famoso*
*monte que encierra en sí nuestro emisfero,*
*más gallardo a la vista y más hermoso.*
MIGUEL DE CERVANTES. *Viaje del Parnaso*

Sobre el cabo Posílipo, los pinos
a contraluz, desde esta lejanía
tan cercana, parecen una tropa
de marinos recién desembarcados.
Inaugural para ellos la alargada
ladera que se adentra, no en el mar
sino en el cielo desde el mar, camino
hacia lo alto, roto el orden, suben
nautas alegres, fundadores, quieren
acrópolis, entonan entusiastas
verbos nuevos, ondean polisílabos
aprendidos de Homero. Formas puras
por el rosado firmamento, apenas
dibujados en vaso de cerámica
viva. Los reconozco. Los he visto
muchas veces. Esbeltos, luminosos,
helénicos. Las cúpulas se suman

a su ascenso. Vibrátiles. La brisa
tremola el universo entero. Voy
con ellos. Es la hora y el lugar. Respiro
el claro mar aquí, descanso de esta
época oscura que nos ha tocado.
Escucho atentamente y hago mío
el bullicio feliz que los precede.
Las hojas cantan en dialecto jonio.

## HÉRCULES FARNESIO

*Para Enrique Juncosa*

*¿Pero el homosexualismo no podría ser, en el mejor de los casos, un proyecto? ¿Un intento conjunto de alma y cuerpo, de soma y psiquis, de ser, en el plano de las realizaciones humanas, otra cosa?*

JUAN GIL-ALBERT. *Heraclés*

A unos metros del Hércules Farnesio
sucede todo. Él también es fuerte
y alto. Es joven. Su jersey oscuro
define bien la anchura de sus hombros.
El poderoso pantalón, sus piernas,
como marca la moda. Involuntario
reflejo del rival, un pie adelanta,
estatua ya, mientras el héroe muta
en varón palpitante. Los minutos
no terminan. Así es como un hombre
admira a otro cuando están a solas.
Sopesa todo desde la distancia.
Aprecia la torsión de su costado,
las duras curvas de su carne recta.
Tiene en cuenta también los genitales.
El equilibrio general del cuerpo.

Fuera su *crush* este adalid barbado
que sujeta en su mano un fruto. A bordo
con él subiera de la nave Argos.
En el gimnasio fuera su colega.
Tranquilidad, testosterona, mármol
son retos para él. Grecia era esto,
la colaboración inteligente
con la naturaleza. Los teóricos
hablan de nuevas masculinidades.

# INDIFERENTES AL VESUBIO

*Para Carmen Codoñer y Miguel Signes*

*El sabio (…) vive contento con los bienes*
*presentes, despreocupado del futuro.*
SÉNECA. *Sobre la felicidad*

Indiferentes al Vesubio, pasan
la mañana en el puerto los tres gatos
tomando el sol de enero y su dulzura
intermitente. Solo uno mira
al mar, si es que lo mira, entrecerrados
o cerrados sus ojos. De los yates,
del agua plateada solo importa
la calma general. Si están absortos
en algún pensamiento o si dormitan,
no hay tanta diferencia. Están atentos
—pero de lejos— al rumor del mundo.
Tampoco el tiempo y la eternidad
resultan tan distintos, el secreto
es prescindir de las categorías.
Más que para la cámara del móvil
parece que posaran durante horas
para un retrato regio. Están perfectos
en una página de los Emblemas

de Alciato, bajo el rótulo latino
*Serenidad.* Los veo en un grabado,
en un tapiz normando, en el escudo
de la propia ciudad, imagen suya
para un logo moderno, alegoría
de la vida mejor. Los verdaderos
símbolos desconocen que son símbolos.

# ELOGIO DE LA CULTURA EUROPEA

*Para Javier Gómez-Montero*

*Parthenope: madre de Europa.*
BAILLY. *Dictionnaire*

*Océano (...) engendró con Parténope*
*a Europa y a Tracia.*
ANDRÓN DE HALICARNASO. *Fragmento 7*

Creada y desplegada, la cultura
europea, una y viva, según Curtius,
atributos de Dios o de sus más
felices criaturas, que estudiábamos
con veintipocos años, aplicados
a la literatura medieval, estable
y frágil como lo es una translúcida
copa de vidrio, a la poesía clásica
y a la novela del Renacimiento,
cuando todo era bellamente uno,
—en Estrasburgo el éxtasis de Goethe
ante la catedral— tenía el mundo
esperanza otra vez, estaba escrito
el manual como un libro sagrado
o como una epopeya, no era ciencia

sino sabiduría, memorable
prosa, entusiasmo casi panteísta,
y así ha retornado, intacta música,
mientras entramos a la exposición
*Don Quijote: tapices del Palacio*
*del Quirinal y de Capodimonte.*
En su urdimbre de magna seda el héroe
es armado, se enfrenta a los molinos,
vuelve sereno a casa… ¿Y hoy, ahora?
¿Qué queda de esplendor, qué de aventura?

## IGLESIA DE LOS PESCADORES

*Para Enrique García-Máiquez*

*Mi parte del milagro*
*se la cedí al milagro.*
KIKÍ DIMULÁ. *Símbolos solubles*

Entro en la iglesia de los pescadores,
cerca del puerto. Lo imprevisto cumple
lo meditado y hace que la vida
se desenrede. Algo me descansa
de todo lo que acaba de quedarse
fuera. Podría ser el acto súbito,
tal vez el pensamiento o el contacto
con el agua y el fuego que relumbran
en diferentes puntos, pero creo
que es algo más: el tiempo y el espacio
compartidos, temprano en la mañana
de un día de diario, y percibir
nítidamente que a esta hora, en este
lugar que fue y casi no es, ninguno
tenemos pretensiones. Este poco
es mucho para mí, esta rutina
que no es mía, este idioma en el que vuelvo
a ser un niño, atento a cada cosa,

nuevo en la ciudad nueva, redimido
de un mundo que supera por momentos
mis límites. De pronto he olvidado
todo el desgaste del lenguaje. Hoy
esa es mi parte del milagro. Poco
es mucho. Todos se han puesto de pie.
Alguien ha dicho: *in alto i nostri cuori.*

# NIEVE EN EL VESUBIO

*Para Maria D'Agostino*

*Qui su l'arida schiena*
*Del formidabil monte*
*Sterminator Vesevo,*
*La qual null'altro allegra arbor nè fiore,*
*tuoi cespi solitari intorno spargi,*
*odorata ginestra,*

*Aquí, en la árida falda*
*del formidable monte,*
*desolador Vesubio,*
*a quien ni árbol ni flor alguna alegran,*
*tu césped solitario en torno esparces*
*olorosa retama.*

LEOPARDI. *La ginestra*

*Resplandor adolescente*
*que se opone a la nevada.*

FEDERICO GARCÍA LORCA. *Normas*

Hoy hay nieve en la cumbre del Vesubio.
Ha llamado Maria, entusiasmada,
para avisarme. Por la calle estrecha
entre las casas ocres y el palacio

blanco de porte florentino, llego
hasta el mar, hasta el punto de la playa
desde el que puede divisarse. Piso
la telúrica arena, casi negra,
frente al frío volcán tranquilo. Hay algo
presocrático en este poderoso
contraste. Hay también algo de Eliot,
tal vez la coincidencia de lo eterno
con el instante, la revelación
de que ha sido anulado para siempre
cualquier asunto abstracto. Hemos quedado
en la universidad. Por un momento
la jornada es normal. Pero subimos,
para comer, a la cafetería
de la azotea. Desde aquí parece
tocarse el monte helado, se respira
su aire. En poco tiempo su ladera
florecerá con la retama. Alegres
los estudiantes le hacen fotos. Hay
en ellos y en nosotros, reflejado,
algo de resplandor adolescente.

# *QVODAMMODO OMNIA*

*Para Horst Weich y para André Otto*

*Anima est quodammodo omnia.*
Tomás de Aquino.
Citando a Aristóteles,
en la *Summa Theologica*

De algún modo, cada uno de nosotros
es todo. El que afirmó esta maravilla
usó un plural intraducible: *omnia.*
Todas las cosas, todas las personas,
eso es lo que somos. Consecuencias
de gran belleza pueden extraerse
de esa totalidad que nos habita.
Somos astros y átomos, materia,
siempre tibia materia enamorada,
la escala entera de los animales,
con su correspondiente encanto. Somos
el jardín mismo que pisamos, agua
de frescor ágil, tanto como fuego
que ondea en la noche oscura. Y, gracias a eso,
es posible otear todos los puntos
de vista y entender a los que piensan
diferente. Por eso el que lo dijo

es, de algún modo, todos los filósofos.
Y no es casual que se formara aquí,
en esta encrucijada de lo griego
con todo lo demás, y que volviera
aquí para escribir, entre estas cuatro
breves paredes, solo y en el centro
hermosamente multitudinario
de esta ciudad, que es todas las ciudades.

# LLUVIA

*Para Jonás Trueba*

*Llueve; los álamos blancos*
*se ennegrecen; los pinares*
*se alejan; todo está gris*
*melancólico y fragrante.*

Juan Ramón Jiménez.
*Lluvia sobre el campo verde*

La lentitud de los contemplativos
se corresponde con los tiempos largos
de los historiadores. A unos metros,
el castillo en el mar, sobre el islote,
perfilado por planos, es un buque
broncíneo de guerra, solaz áulico
de monarcas normandos, fortaleza
para los que vinieron de Aragón. Ahora
acaba de llegar un gran carguero
con su propio estandarte y se detiene
un poco más allá. Podrían ser
geométricos gemelos, si no fuera
por los contenedores ordenados
sobre la nave, con su deslumbrante
policromía, como caja abierta

de tizas de colores. Ha empezado
a llover. Muy veloz, el aguacero
percute sobre el toldo. Los viandantes
se refugian aquí. Todo se iguala
en gris vertiginoso. Es una fiesta.
El carguero se vuelve tan monócromo
como el mar y el castillo. He visto antes
este difuminado, creo que en Turner.
No soy el único al que le complace
la secreta armonía entre las cosas.

# MEDIODÍA

*Para Oriol Masià*

*Había conservado impresión inextinguible de los objetos que hoy veo por primera vez (...). No podía ser del todo infeliz, porque su pensamiento volvía siempre a Nápoles.*

GOETHE. *Viaje a Italia*

Guardaba la palabra *Mediodía*
el diccionario para esto. Espacio,
que no tiempo. Extensión para los cinco
sentidos, cuerpo para el cuerpo, arco
perfecto abierto por los elementos
para la inteligencia y para el agua,
para esta razón azul y viva.
El nombre de estas islas, lo conozco
Conozco la excelencia de estos dones,
poder moverme por el Mediodía
caminar sobre él, dormir en él,
dejar muy lejos la fugacidad...
Amenísimo, así lo describieron.
Como dispuso Paul Valéry, salgo
para volver a entrar en esta fiesta
un instante. No sé si lo que anoto
me deja fuera o es el centro mismo

del meridiano, donde la batalla
entre lo regular y lo espontáneo
se resolvió hace muchos siglos. Sé
que no debo poner mi corazón
en nada transitorio, pero aquí
todo se muestra suavemente eterno.
Sé que, para el amor, lo conocido
y el que conoce son la misma cosa.

## PASCUA EN CUMAS

*Para Raúl Alonso*

*A unos parajes apacibles llegan,*
*los risueños vergeles que amenizan*
*el Bosque de la dicha, la morada*
*de bienandanza y paz (…)*
*Atletas unos se ejercitan ágiles*
*en palestras de grama, ya jugando,*
*ya en noble lucha en la rojiza arena.*
*Otros la tierra pulsan en la danza*
*y cantan sus canciones. (…)*
*Aquí los que su sangre por la patria*
*vertieron, los que fueron sacerdotes*
*castos la vida toda, los poetas,*
*de excelsa inspiración, digna de Apolo.*

VIRGILIO. *Eneida*

A medianoche estábamos prendiendo
una llama que es símbolo, en la mano,
bajo el barroco, con la muchedumbre,
y recitando una hilera espléndida
de frases que arden dentro de otro símbolo.
En griego son muy bellas. Esperamos
nuestra resurrección con nuestro cuerpo

y la vida futura. En un momento
de este domingo inmenso que aquí tiene
todo cerrado, hemos decidido
coger el cercanías que atraviesa
campos volcánicos para llegar
a media tarde a Cumas. Casi al límite.
Una mujer con un anorak negro
y capucha nos lleva hasta la cueva.
Nos deja solos. En lo más profundo
leemos el libro sexto de la Eneida
en alto: *las cien puertas se abren solas.*
*y al aura vierten la augural respuesta.*
Apenas queda luz cuando salimos.
Oscuros en la noche solitaria
bordeamos el lago del Averno.
Cerca están las praderas donde danzan
los bienaventurados. Esperamos
con Virgilio la vida para siempre.

# POSEIDONIA

*Para Luis Javier Santos Iglesias*

*La verdadera apropiación de lo clásico se asienta sobre más profundos estratos del espíritu. Descansa sobre un acto de intuición o visión instintiva, que aspira a dar forma a un plan complejo mediante una apropiación de la belleza, ὀρέγεσθαι τοῦ καλοῦ, que decía Aristóteles. Ocurre solo como revelación, como epifanía de la que solo gozan los poetas, los profetas y los fundadores de un reino espiritual. Como Píndaro: μαντεύεο, Μοῖσα· προφατεύσω δ' ἐγώ, «revélame tus oráculos, Musa, y yo seré tu profeta». Como Platón, como George.*

J. S. Lasso de la Vega. *Stefan George y el mundo clásico*

La pequeña estación de tren en medio
del campo y luego el recorrido a pie
entre parcelas cultivadas, trigo
de primavera, durante un ameno
kilómetro, son ya preliminares
para esta olímpica planicie, solo
para los dioses y para los pinos
y para el aire azul que entre los templos
trae la cercanía del mar, fruto
en su lugar y para todos. Quiere

mostrarse ahora la divinidad
mejor en este hermoso deterioro.
Mejor así, mejor en casi nada.
Así, bajo la especie de belleza
está sin más en lo que permanece.
Por la preservación de lo sagrado
doy gracias, por las cosas que dispone
el ser humano cuando es humano,
por cada arista de cada columna
tan gentilmente dórica, doy gracias
y por el sol final, que distribuye
oro y serenidad sobre la tierra.
Si lo turbio del mundo, si lo mucho
oscuro debe proseguir su trama,
no será en este espacio, Grecia mía.

# NADADOR EN PAESTUM

*Para Rosario Carril*

*Ressurgiremos ainda sob os muros de Cnossos*
*E em Delphos centro do mundo*
*Ressurgiremos ainda na dura luz de Creta*

*Ressurgiremos ali onde as palavras*
*São o nome das coisas*
*E onde são claros e vivos os contornos*
*Na aguda luz de Creta*

*Ressurgiremos ali onde pedra estrela e tempo*
*São o reino do homem*
*Ressurgiremos para olhar para a terra de frente*
*Na luz limpa de Creta*

*Pois convém tornar claro o coração do homem*
*E erguer a negra exactidão da cruz*
*Na luz branca de Creta.*

Sophia de Mello Breyner-Andresen. *Livro Sexto*

Antes de bucear, ya por el aire
vas buceando, cuerpo al cosmos, casi
absoluto, arqueado junco único,
dardo en pleno trayecto, de los dedos
de los pies a los dedos de las manos,

más en la gracia que en la gravedad
tus genitales, pronto bajo el agua
volarás, tres brazadas vigorosas
para emerger y ser galardonado
con la brisa. Por eso, neto atleta,
has dado el salto desde los latidos
hasta el entendimiento. Platón dice
en el Fedro, Filón de Alejandría,
Juan el Evangelista, cuántos siglos
faltan para decirlo y tú lo cantas,
oh delicado fotograma griego,
oh símbolo felizmente lanzado
hasta ver otra vez el sol. Sophia
de Mello Breyner-Andresen lo afirma
con claridad total: *Resurgiremos.*
En ti vemos el sueño del que duerme,
lo que ahora estás soñando, despertar
siendo cuerpo otra vez, carne que ama,
abrazo y beso en el banquete. En ti
vemos la antelación de la belleza.

## NOTA

Dentro y fuera de los poemas hay citadas muchas palabras de otros. Las he transmitido con la irregularidad con que se me han ido presentando: en el original o traducidas o de ambos modos.

En cuanto a los dedicatarios de los poemas: son los destinatarios ideales de su lectura y sus mejores compañeros.

## AGRADECIMIENTOS

La Unión Europea y el Ministerio de Cultura son los nuevos nombres de los monarcas y los virreyes napolitanos. Conste aquí mi gratitud por su mecenazgo.

Y conste mi gratitud por su hospitalidad —académica y humanística— a la Università degli Studi Suor Orsola Benincasa di Napoli y a su catedrática de Literatura Española, Maria D'Agostino.

# ÍNDICE

Esta primera edición de *Nuevo en la ciudad nueva*
se acabó de imprimir el 19 de septiembre
de 2024, festividad de San Genaro,
patrono de Nápoles.